Impressum
Verlag: BABADADA GmbH, Nedderfeld 112 , 22529 Hamburg
Geschäftsführer / Verlagsleitung: Harald Hof
Druck: Books on Demand GmbH, In de Tarpen 42, 22848 Norderstedt

Imprint
Publisher: BABADADA GmbH, Nedderfeld 112 , 22529 Hamburg, Germany
Managing Director / Publishing direction: Harald Hof
Print: Books on Demand GmbH, In de Tarpen 42, 22848 Norderstedt, Germany

AF187090

училище

ቤት-ትምህርቲ

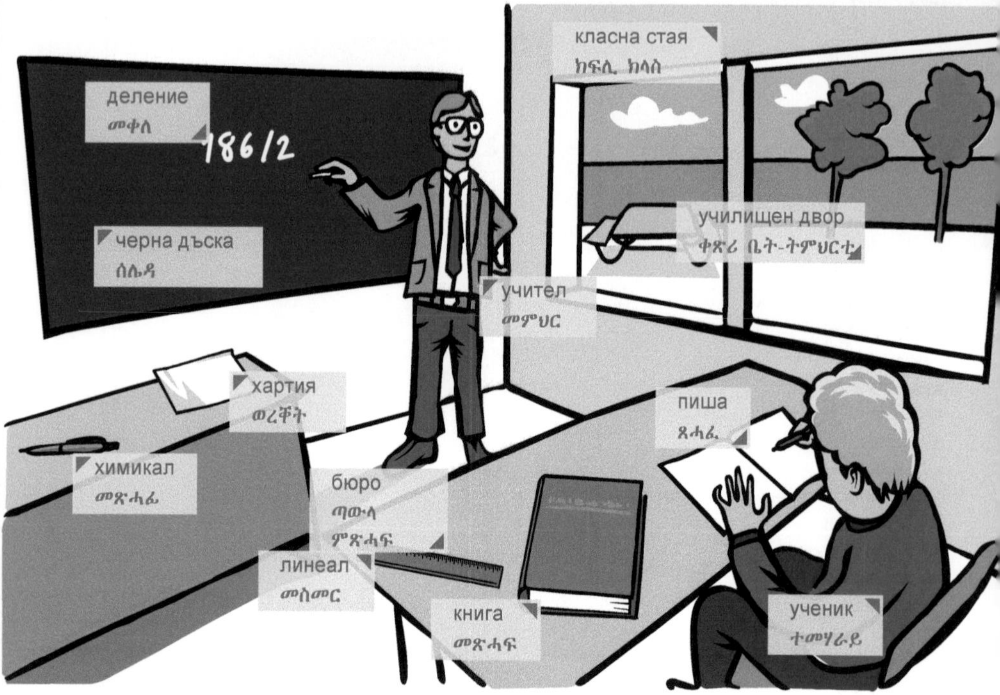

класна стая
ክፍሊ ክላስ
деление
መቀለ
186/2
черна дъска
ሰሌዳ
училищен двор
ቀጽሪ ቤት-ትምህርቲ
учител
መምህር
хартия
ወረቐት
пиша
ጸሓፈ
химикал
መጽሓፊ
бюро
ጣውላ
ምጽሓፍ
линеал
መስመር
книга
መጽሓፍ
ученик
ተመሃራይ

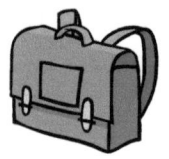

ученическа раница

ሳንጣ ትምህርቲ

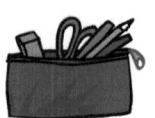

ученически несесер

ሰፊር ብርዒ

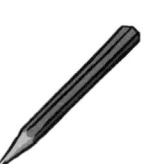

молив

ርሳስ

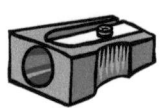

острилка за моливи

መብልሒ ርሳስ

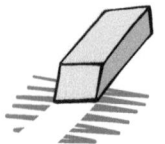

гума

መደምሰሲ

блок за рисуване

ጥራዝ ስእሊ

рисунка

ስእሊ

четка

ብርዒ ቀለም

акварелни бои

ቦክስ ቀለም

ножица

መቋስ

лепило

መጣበቒ

тетрадка за упражнения

ጥራዝ መላመዲ

домашна работа

ዕዮ ገዛ

число

ቁጽሪ

събиране

ወሰኸ

изваждане

ጎደለ

умножение

ረብሐ

смятане

ደመረ

буква

ፊደል

азбука

ስርዓት ፊደላት

дума

ቃል

текст

ጽሑፍ

чета

ኣንበበ

тебешир

ኩርሽ

час

ሰዓት

дневник на класа

መዝገብ ክላስ

изпит

መርመራ

свидетелство

ሰርቲፊከት

ученическа униформа

ድቢዛ ቤት-ትምህርቲ

образование

ትምህርቲ

справочник

ለክሲኮን

университет

ዩኒቨርሲቲ

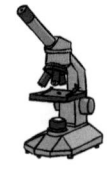

микроскоп

ሚክሮስኮፕ

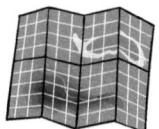

карта

ካርታ

кошче за хартиени
отпадъци

ጎሓፍ ወረቐት

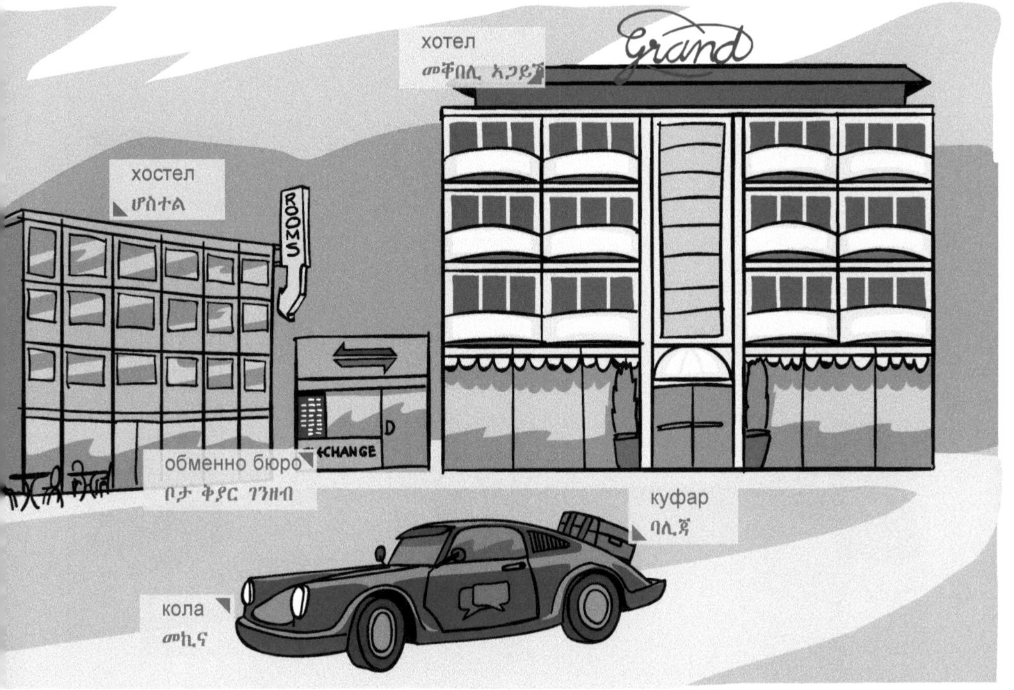

хотел
መቐበሊ ኣጋይሽ
Grand
хостел
ሆስተል
ROOMS
обменно бюро
ቦታ ቅያር ገንዘብ
куфар
ባሊጃ
кола
መኪና

език

ቋንቋ

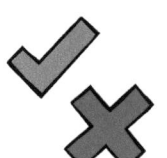

да / не

እወ / ኖ

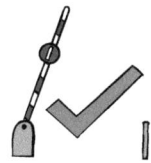

Окей

ሕራይ

здравей

ሰላም

преводач

ኣስተርጓሚ

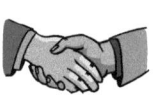

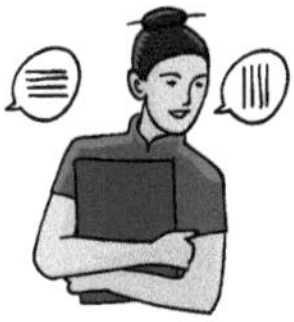

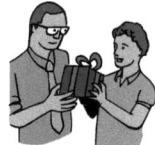

Благодаря

የቐንየለይ

Колко струва...?

. . . ክንደይ ዋግኡ?

Не разбирам

አይተረድኣኹን

проблем

ሽግር

Добър вечер!

ሰላም ምሸት!

Добро утро!

ከመይ ሓዲርካ

Лека нощ!

ሰላም ለይቲ

довиждане

ደሓን ኩን

посока

ኣንፈት

багаж

ጓዓዝ

пътна чанта

ሳንጣ

раница

ሳንጣ ሕቖ

посетител

ጋሻ

стая

ክፍሊ

спален чувал

ከሻ መደቀሲ

палатка

ቴንዳ

ристическа информация

ሓበሬታ በጻሕቲ ሃገር

плаж

ገምገም ባሕሪ

кредитна карта

ክሬዲት ካርድ

закуска

ቁርሲ

обед

ምሳሕ

вечеря

ድራር

билет

ቲከት

асансьор

ሊፍት

пощенска марка

ማሕተም ደብዳበ

граница

ዶብ

митница

ድንና

посолство

ኤምባሲ

виза

ቪዛ

паспорт

ፓስፖርት

транспорт

መጓዓዝያ

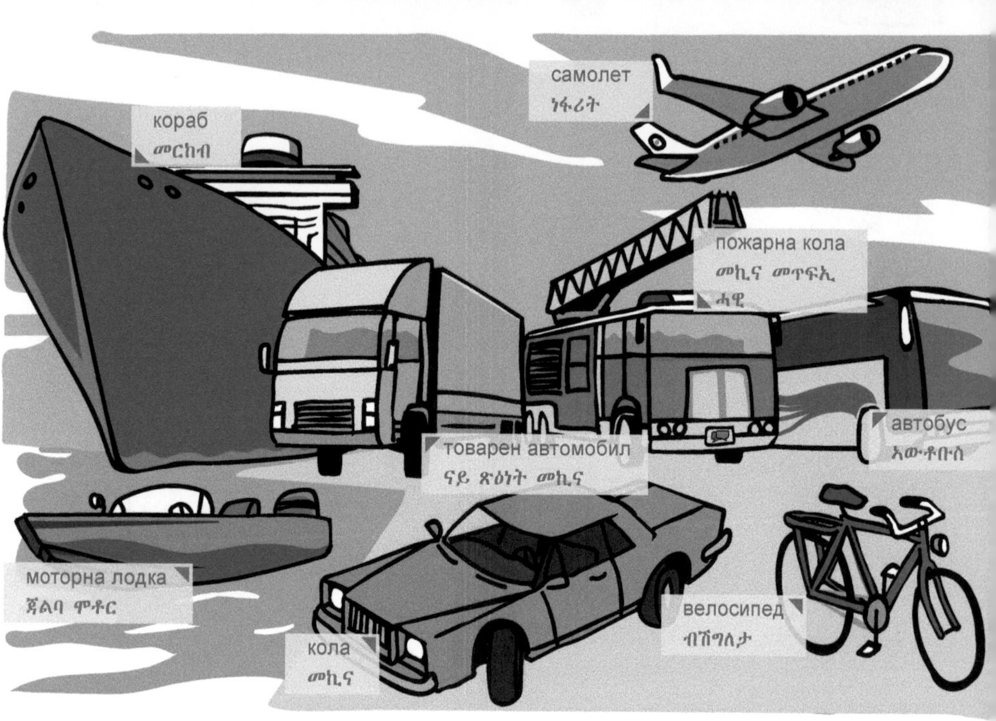
самолет
ነፋሪት
кораб
መርከብ
пожарна кола
መኪና መጥፍኢ ሓዊ
автобус
ኣውቶቡስ
товарен автомобил
ናይ ጽዕነት መኪና
моторна лодка
ጃልባ ሞቶር
велосипед
ብሽግለታ
кола
መኪና

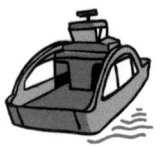

ферибот

ፈሪ

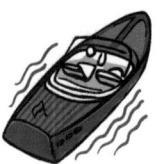

лодка

ጃልባ

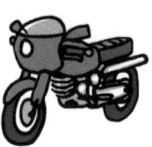

мотоциклет

ሞቶ

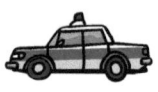

полицейска кола

መኪና ፖሊስ

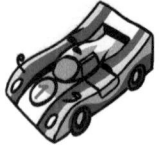

състезателна кола

መኪና ቅድድም

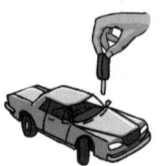

кола под наем

ክራይ መኪና

каршеринг

ምውፋይ መካይን

автомобил от "Пътна помощ"

መወሰዲ መኪና

сметовоз

መኪና ጓሓፍ

двигател

ሞቶር

бензин

ነዳዲ

бензиностанция

እንዳ ነዳዲ

пътен знак

ምልክት ትራፊክ

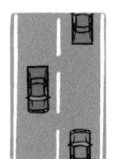

улично движение

ትራፊክ

задръстване

ምጭቅጫቅ ትራፊክ

паркинг

መዐሸጊ መኪና

гара

መዕረፊ ባቡር

релси

ሓዲግ

влак

ባቡር

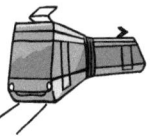

трамвай

ትረም

вагон

ባጎኒ

хеликоптер

ሄሊኮፕተር

аерогара

መዓረፈ ነፈርቲ

кула

ታወር

пасажер

ተጓዢ

контейнер

ኮንተይነር

кашон

ሳንዱቅ ካርቶን

ръчна количка

ኮርሳ ጽዕነት

кошница

ዘንቢል

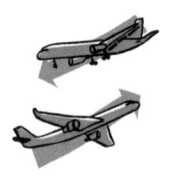

излитам / приземявам се

ተበገሰ / ዓለበ

град

ከተማ

село

ቀኀሸት

градски център

ማእከል ከተማ

къща

ገዛ

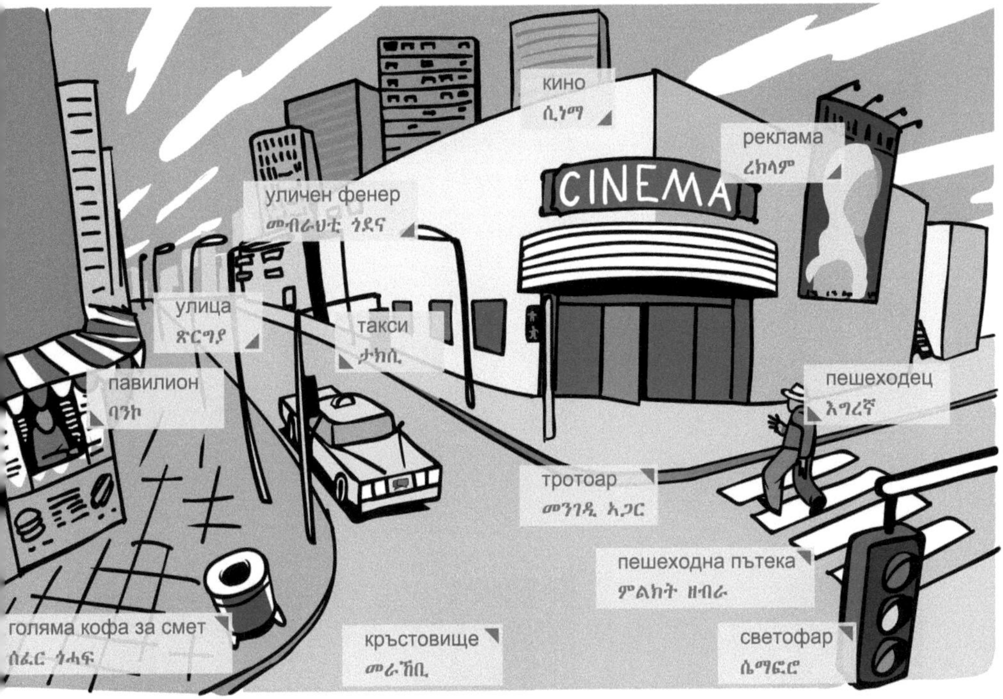

кино — ሲኒማ

реклама — ረክላም

уличен фенер — መብራሕቲ ጎደና

улица — ጽርግያ

такси — ታክሲ

пешеходец — እግረኛ

павилион — ባንኮ

тротоар — መንገዲ እግራ

пешеходна пътека — ምልክት ዘብራ

голяма кофа за смет — ሰፈር ጎሓፍ

кръстовище — መራኸቢ

светофар — ሴማፎር

хижа
....
አጉዶ

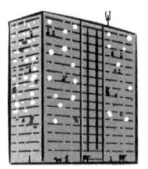

жилище
....
አፓርትመንት

гара
....
መዕረፊ ባቡር

кметство
....
ቤት ምምሕዳር

музей
....
ቤተ መዘክር

училище
....
ቤት-ትምህርቲ

университет

ዩኒቨርሲቲ

банка

ባንክ

болница

ሆስፒታል

хотел

መቆበሊ አጋይሽ

аптека

ቤት መድሃኒት

офис

ቤት ጽሕፈት

книжарница

ዱኳን መጽሐፍቲ

магазин за цветя

ዱኳን

магазин за цветя

ዱኳን ዕንባባ

супермаркет

ሱፐርማርከት

пазар

ዕዳጋ

универсален магазин

ሹቅ

търговец на риба

ነጋዳይ ዓሳ

търговски център

ሹቅ

пристанище

መርሳ

парк

መዘናግዒ

пейка

ባንኪ

мост

ድልድል

стълба

መደያይቦ

метро

ባቡር ትሕቲ ምድሪ

тунел

ቢንቶ

автобусна спирка

መዐረፊ አውቶቡስ

бар

ቤት መስተ

ресторант

ቤት-መግቢ

пощенска кутия

ሰታሪት

улична табелка

ታቤላ

часовник за паркинг
престой

ሰዓት ፓርኪንግ

зоологическа градина

መካነ እንስሳታት

плувен басейн

መሓምበሲ

джамия

መስጊድ

селски двор

ቤት ሕርሻ

замърсяване на околната среда

ብከላ

гробище

መቓብር

църква

ቤተክርስትያን

детска площадка

ቦታ ምጽዋት

храм

ቤት መቕደስ

пейзаж

ስእሊ መሬት

листо
ኣቝጽልቲ

пътепоказател
መሕበሪ መገዲ

път
መገዲ

ливада
ሸኻ

камък
እምኒ

дърво
ኣግራብ

пътешественик
ኩብላሊ

река
ፈለግ

трева
ሳዕሪ

цвете
ዕንባባ

14   пейзаж - ስእሊ መሬት

долина

ስንጭሮ

планина

ነቦ

море

ቀላይ

гора

ዱር

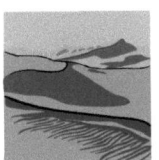

пустиня

ምድረ በዳ

вулкан

እሳተ-ጎመራ

замък

ግምቢ

дъга

ቀስተ-ደመና

гъба

ቃንጥሻ

палма

ዓርኮብኮባይ

комар

ጣንጡ

муха

ሃመማ

мравка

ጻጻ

пчела

ንህቢ

паяк

ሳሬት

бръмбар

ሕንዚዝ

жаба

ዕንቅርብ

катеричка

ምጽጹላይ

таралеж

ቅንፍዝ

заек

ማንቲለ

кукумявка

ጉንጓ

птица

ጭሩ

лебед

ስዋን

диво прасе

መፍለስ

елен

ዓጋዘን

лос

ሙስ

бент

ግድብ

вятърна турбина

ተርባይን ንፋስ

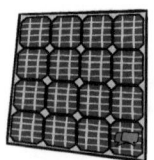

соларен модул

ሶላር ስርሓት

климат

ኩነታት ኣየር

келнер
አሰላፊ

меню
ካርታ
መግብታት

стол
መንበር

супа
መረቅ

пица
ፒትሳ

прибори за хранене
መመታተሪ

покривка за маса
ክዳን ጣዉላ

предястие
ቅድም ቀንዲ መግቢ

основно ястие
ቀንዲ መኣዲ

десерт
ድሕረ መግቢ

напитки
መስተ

ядене
መግቢ

бутилка
ጥርሙዝ

бързо хранене

ስሉጥ መግቢ

улична храна

መግቢ ጽርግያ

кана за чай

ብርጭቆ ሻሂ

кутия за захар

ታኒካ ሹኮር

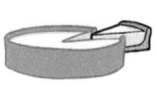

порция

ክፋል

еспресо машина

ማሺን ኤስፕረሶ

висок детски стол

ነዊሕ መንበር

сметка

ጻብጻብ

табла

ታብለት

ножица за нокти

ካራ

вилица

ፎርከታ

лъжица

ማንካ

чаена лъжичка

ማንካ ሻሂ

салфетка

ሰርቪየተ

стъклена чаша

ብኬሪ

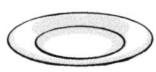

чиния

ሽሓኒ

чиния за супа

ሽሓኒ መረቅ

чинийка

ትሕቲ ኩባያ

сос

ጸብሒ

солница

ወሃቢ ጨው

мелничка за черен пипер

መጥሓን በርበሪ

оцет

አቾቶ

олио

ዘይቲ

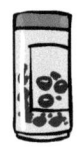

подправки

ቀመም

кетчуп

ከቾፕ

горчица

አድሪ

майонеза

ማዮኔዝ

супермаркет

ሱፐርማርክት

оферта
ወፈያ
FOR
клиент
ዓሚል
млечни продукти
ፍርያታት ጸባ
плодове
ፍረታት
количка за покупки
ሰረገላ ዱኳን

BUTCHERS

кланица

እንዳ ስጋ

BAKERY

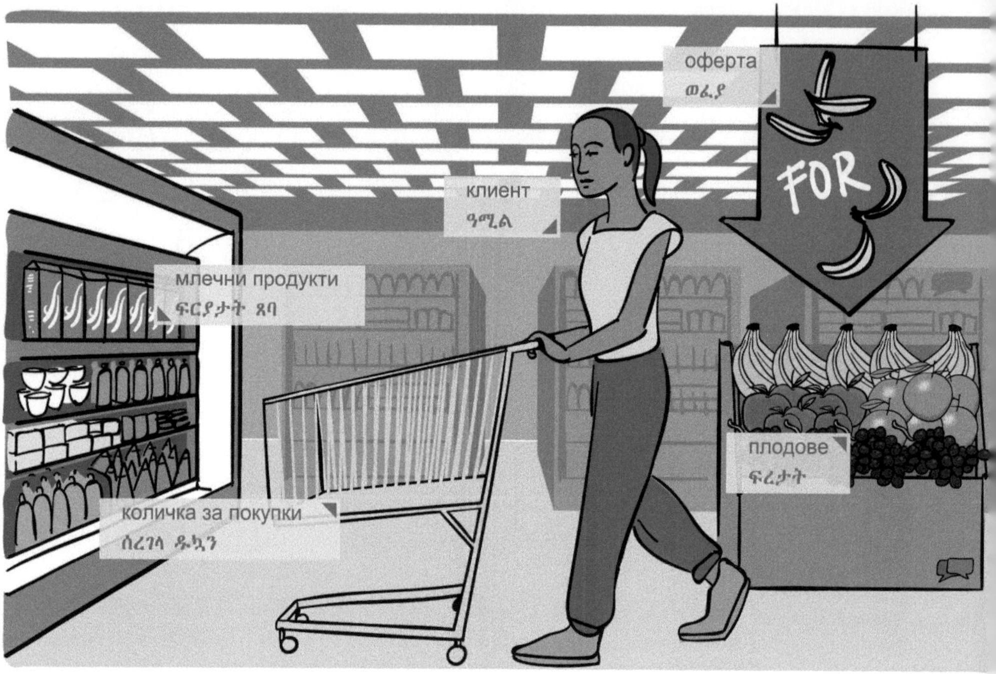

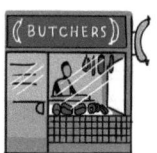

хлебарница

እንዳ ባኒ

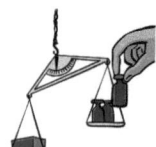

тегля

ክብደት

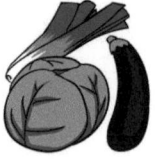

зеленчуци

ኣሕምልቲ

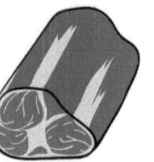

месо

ስጋ

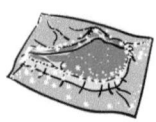

дълбоко замразена храна

መግቢ ፍሪጅ በረድ

нарязан колбас или сирене
ዝሑል ቅሩብ መግቢ

консерви
እስታጣላ

перилен препарат
ኦሞ

лакомства
ምቁር መግቢ

домакински изделия
ዘቤታውያን ኣቕሑ

почистващи препарати
ናውቲ መጽረዪ

продавачка
ሸቃጣይ

каса
ካሳ

касиер
ተሓዝ ገንዘብ

списък на покупките
ዝርዝር ምግዛእ

работно време
ክፉት ሰዓታት

портфейл
ማሕፉዳ

кредитна карта
ክሬዲት ካርድ

чанта
ሳንጣ

пластмасова торба
ፌስታል

вода

ማይ

сок

ጽማቍ

мляко

ጸባ

кола

ኮላ

вино

ነቢት

бира

ቢራ

алкохол

አልኮል

какао

ካካው

чай

ሻሂ

кафе машина

ቡን

еспресо

ኤስፕረሶ

капучино

ካፑቺኖ

банан

ባናና

ябълка

ቱፋሕ

портокал

አራንሺ

пъпеш

ብርጭቆ

лимон

ለሚን

морков

ካሮት

чесън

ጻዕዳ ሽጉርቲ

бамбук

ባምቡስ

лук

ሽጉርቲ

гъба

ቅንጥሻ

ядки

ፉል

макарони

ፓስታ

спагети

ስፓጌቲ

ориз

ሩዝ

салата

ሰላጣ

пържени картофи

ቅልዋ ድንሽ

печени картофи

ቅሉው ድንሽ

пица

ፒትሳ

хамбургер

ሃምቡርገር

сандвич

ሳንዊች

шницел

ቢስተካ

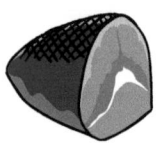

шунка

ሰለፍ ሓሰማ

траен колбас

ሳላሚ

салам

ግዕዝም

пиле

ደርሆ

печено

ቀለወ

риба

ዓሳ

овесени ядки

ገዓት

мюсли

ሙስሊ

корнфлейкс

ኮርንፍለይክስ

брашно

ሓርጭ

кроасан

ክሮሶን

хлебчета

ባኒ

хляб

ባኒ

препечена филийка

ቶስት

бисквити

ብሽኩቲ

масло

ጠስሚ

извара

ርጎኦ

сладкиш

ፓስተ

яйце

እንቋቍሖ

яйца на очи

ቅሉው እንቋቍሖ

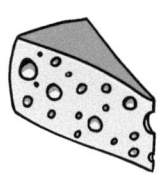

сирене

ፎርማጆ

сладолед

አይስ ክሪም

захар

ሽኮር

мед

መዓር

мармалад

ጄም

нуга крем

ኑጋት-ክረም

къри

ኩሪ

селски двор
ቤት ሕርሻ

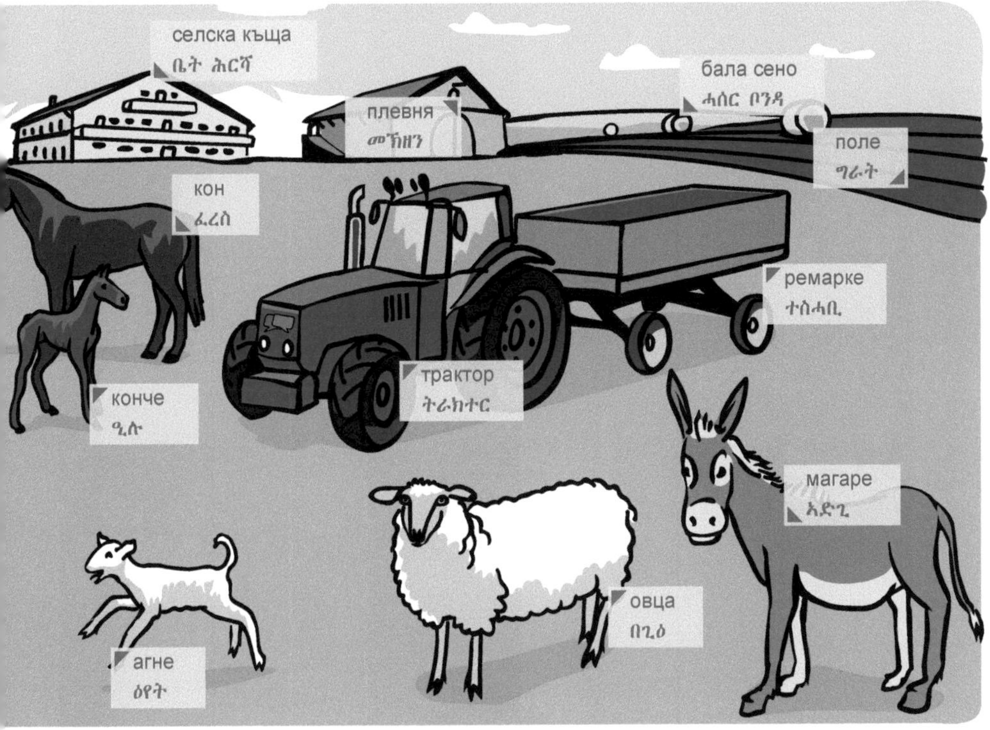
селска къща
ቤት ሕርሻ
плевня
መኽዘን
бала сено
ሓሰር ቦንዳ
поле
ግራት
кон
ፈረስ
ремарке
ተስሓቢ
конче
ዒሉ
трактор
ትራክተር
магаре
ኣድጊ
овца
በጊዕ
агне
ዕየት

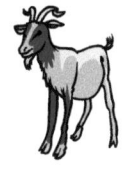

коза

ጤል

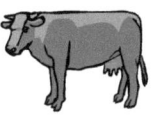

крава

ብዕራይ

теле

ምራኽ

свиня

ሓሰማ

прасенце

ውላድ ሓሰማ

бик

ኣርሓ

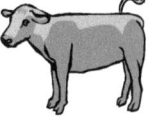

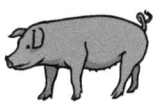

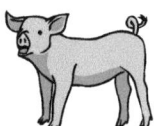

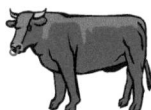

гъска

ዓሳ

патица

ማይ ደርሆ

пиленце

ጫቁት

кокошка

ደርሆ

петел

አርሕ ደርሆ

плъх

አንጨዋ ዓባይ

котка

ድሙ

мишка

አንጭዋ

вол

ብዕራይ

куче

ከልቢ

кучешка колиба

አጉዶ ከልቢ

градински маркуч

ቱቦ ጀርዲን

лейка

መዝፈሪ ማይ

коса

ዓቢ ማዕጺድ

плуг

ማሕረሻ

сърп

ማዕጺድ

мотика

ጭኳር

вила за тор

መስአ

брадва

ፋስ

ръчна количка

ዓረብያ እድ

корито

ጋብላ

съд за мляко

ብርጭቆ ጸባ

чувал

ከሻ

ограда

ሓጹር

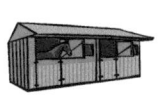

обор

መንሰስ

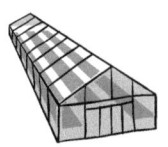

парник

ቆጠልያ ገዛ

земя

ባይታ

сеитба

ዘርኢ

тор

ድኹዒ

комбайн

ዘጣምር ቀውዓይ

жъна

ቀውо

реколта

ጸማ

ямс

ድንሽ ያም

жито

ስርናይ

соя

ሶያ

картоф

ድንሽ

царевица

ዕፉን

рапица

ራፕስ

овощно дърво

ገረብ ፍረታት

маниока

ማኒኦክ

зърнени храни

አእኻል

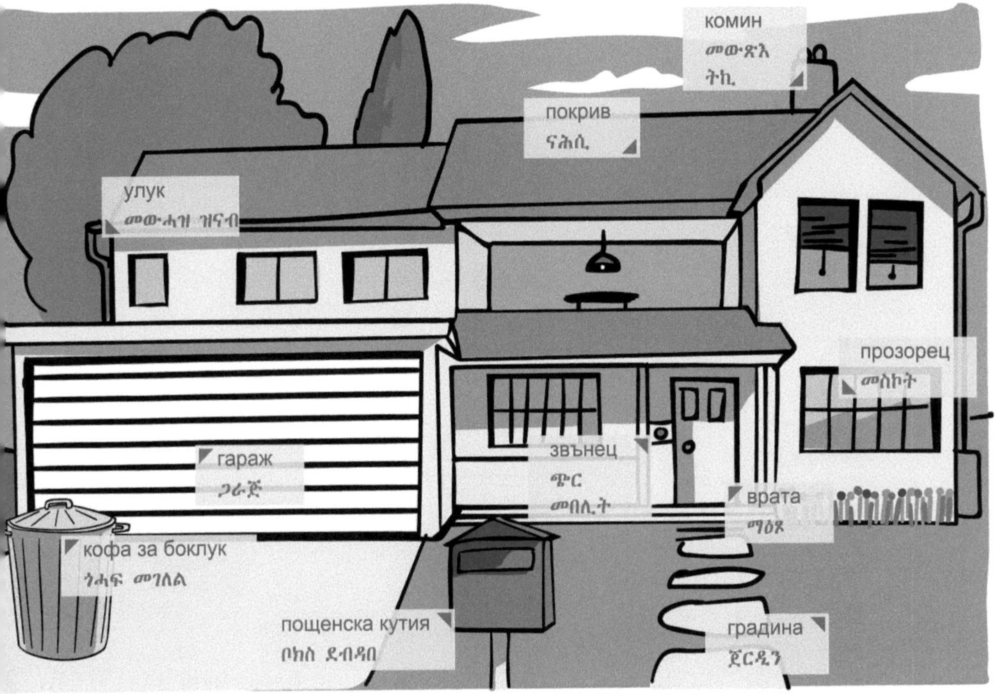

комин
መውጽእ ትኪ

покрив
ናሕሲ

улук
መውሓዝ ዝናብ

прозорец
መስኮት

гараж
ጋራጅ

звънец
ጥር መበሊት

врата
ማዕጾ

кофа за боклук
ጎሓፍ መገለል

пощенска кутия
ቦክስ ደብዳቤ

градина
ጀርዲን

всекидневна

ክፍሊ ምቕማጥ

баня

ክፍሊ ባንዮ

кухня

ክሽነ

спалня

ክፍሊ መደቀሲ

детска стая

ክፍሊ ቆልዑ

трапезария

መመገቢ ክፍሊ

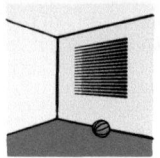

под

ባይታ

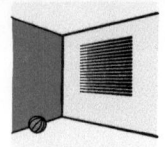

стена

መንደቅ

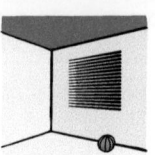

таван

ከቦርታ

изба

ካንቲና

сауна

ሳውና

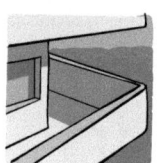

балкон

ባልኮን

тераса

ዛላ

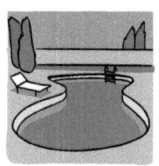

плувен басейн

መሕምበሲ

косачка

መቑረጺ ሳዕሪ

спално бельо

ኣንሶላ ዓራት

покривка за легло

ከቦርታ ዓራት

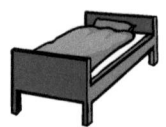

легло

ዓራት

метла

መኾስተር

кофа

መገለል

електрически ключ

መወልዒት

всекидневна

ክፍሊ ምቕማጥ

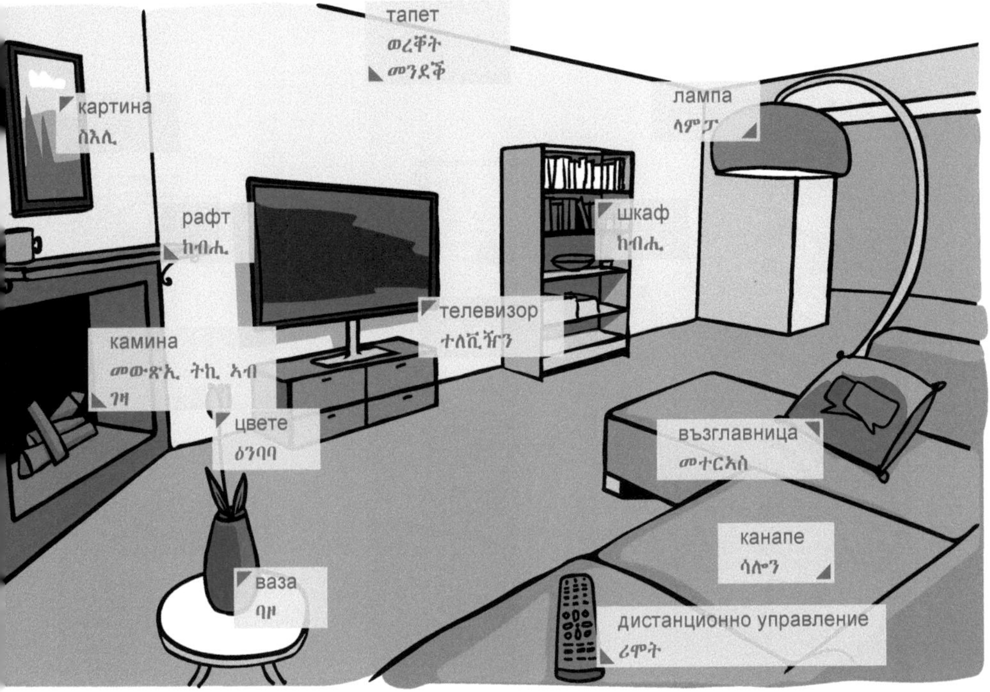

тапет
ወረቐት መንደቕ
картина
ስእሊ
лампа
ላምፓ
рафт
ከብሒ
шкаф
ከብሒ
телевизор
ተለቪዥን
камина
መውጽኢ ትኪ ኣብ ገዛ
цвете
ዕንባባ
възглавница
መተርኣስ
канапе
ሳሎን
ваза
ባዞ
дистанционно управление
ሪሞት

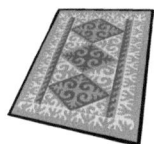

килим

መንጸፍ

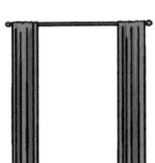

завеса

መጋረጃ

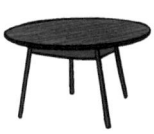

маса

ጣውላ

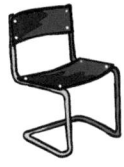

стол

መንበር

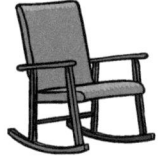

люлеещ се стол

ሰለል ዝብል መንበር

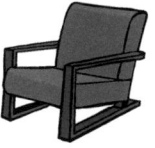

кресло

መንበር ምቹእ

книга

መጽሐፍ

одеяло

ከቦርታ

декорация

ስልማት

дърва за отопление

እንጨይቲ ሓዊ

филм

ፊልም

стерео уредба

ስተረዮ

ключ

መፍትሕ

вестник

ጋዜጣ

живопис

ቅብኣ

постер

ፖስተር

радио

ረድዮ

бележник

ጥራዝ

прахосмукачка

መልገሲ ደርና

кактус

በለስ

свещ

ሽምዓ

кухня

ክሽነ

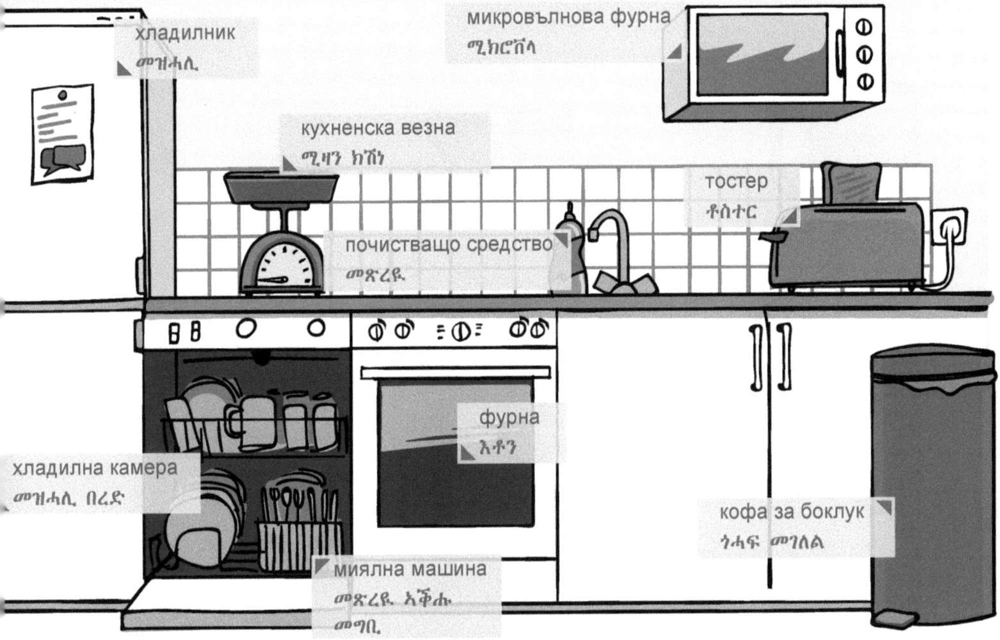
хладилник
መዝሓሊ
микровълнова фурна
ሚክሮቨላ
кухненска везна
ሚዛን ክሽነ
тостер
ቶስተር
почистващо средство
መጽረዪ
фурна
እቶን
хладилна камера
መዝሓሊ በረድ
кофа за боклук
ጎሓፍ መገለል
миялна машина
መጽረዪ ኣቕሑ
መግቢ

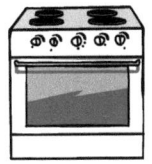

готварска печка

መኽሸኒ

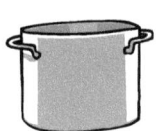

тенджера

ድስቲ

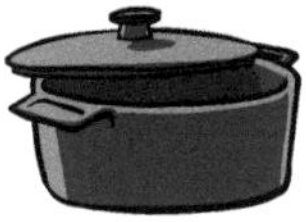

желязна тенджера

ድስቲ ሓጺን

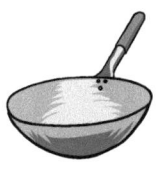

уок / кадаи

ቮክ/ካዳይ

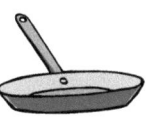

тиган

ባደላ

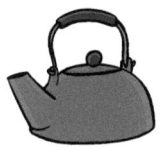

кана за затопляне на вода

መውዓዪ ማይ

уред за готвене на пара

መፍልሒ

тава за печене

ጎንቴራ ምስንካት

съдове

ኣቕሑ መግቢ

чаша

ብርጭቆ

купа

ጭሖሎ

клечки за хранене

ማንካቺና

черпак

ማንካ መረቕ

лопатка за тиган

መገልበጢ ባደላ

тел за разбиване (на яйца, белтъци)

መኸስተር ውርጪ

кошница за варене

መንፈት መግቢ

гевгир

መንፈት

ренде

መፋሕፍሒ

хаван

ሞርታር

барбекю

ባርቢክዩ

огнище

ስፍራ ሓዊ

дъска

እንጨይቲ ምምታር

точилка

እንጨይቲ ኩረር

тирбушон

መኽፈት ቡሽ

кутия

ታኒካ

отварачка за консерви

መኽፈቲ ታኒካ

кухненска ръкохватка

ጨርቂ ድስቲ

мивка

ቡምባ

четка

ኣስባስላ

гъба

ሰፍነግ

миксер

ሓዋሲ ኣደባላጇ

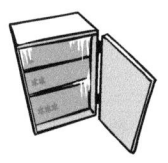

фризер

መዝሓሊ በረድ

бебешко шише

ጥርሙዝ ማማይ

воден кран

ቡምባ ማይ

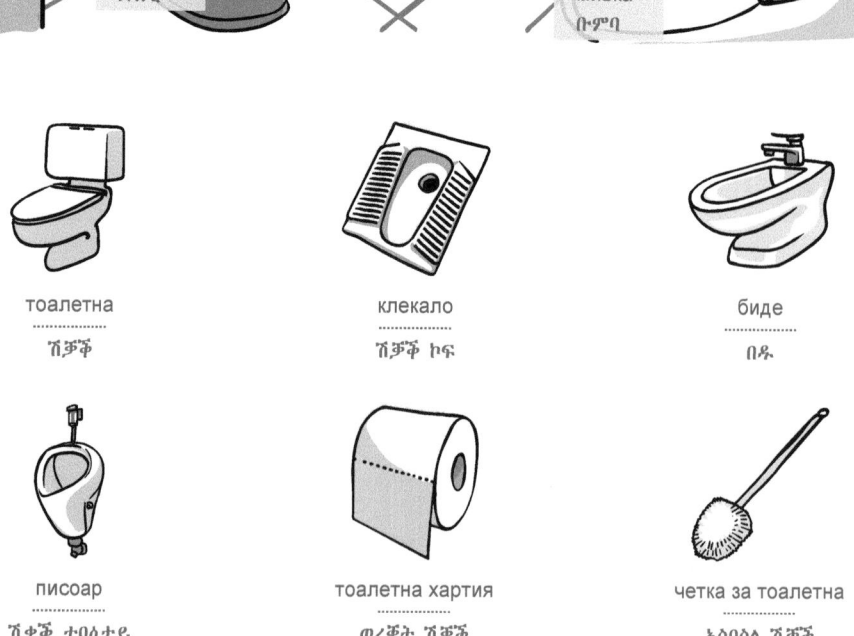

баня

ክፍሊ ባንዮ

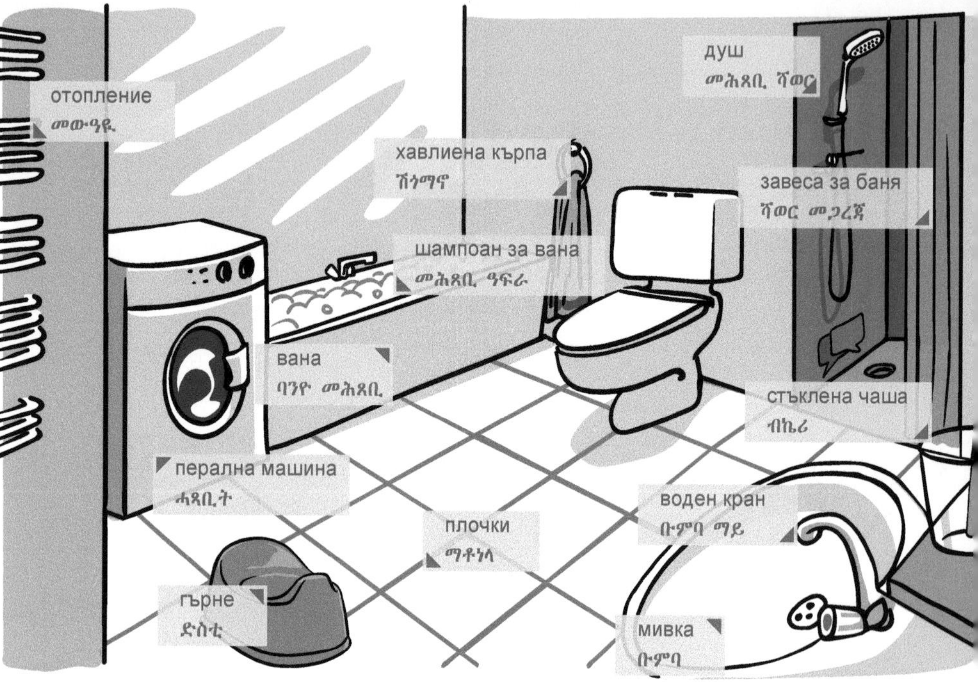

отопление
መውዓዪ
хавлиена кърпа
ሽጎማኖ
душ
መሕጸቢ ሻወር
завеса за баня
ሻወር መጋረጃ
шампоан за вана
መሕጸቢ ዓፍራ
вана
ባንዮ መሕጸቢ
стъклена чаша
ብኬሪ
перална машина
ሓጻቢት
воден кран
ቡምባ ማይ
плочки
ማቶነላ
гърне
ድስቲ
мивка
ቡምባ

тоалетна

ሽቓቕ

клекало

ሽቓቕ ኮፍ

биде

በዱ

писоар

ሽቃቕ ተባዕታይ

тоалетна хартия

ወረቐት ሽቓቕ

четка за тоалетна

ኣስባስላ ሽቓቕ

четка за зъби

አስባሳላ ስኒ

паста за зъби

ክሪም ስኒ

конец за зъби

ሃሪ ስኒ

мия

ሓጸበ

ръчен душ

ዱሽ ኢድ

интимен душ

ዱሽ

леген

ብርጭቆ ምሕጻብ

четка за гръб

አስባሳ ሕቖ

сапун

ሳምና

душ гел

ሻወር ጀል

шампоан за вана

ሻምፑ

гъба за баня

ጨርቂ መሕጸቢ

сифон

መውሓዚ

крем

ክሪም

дезодорант

ደዮ ጨና

огледало

መስትያት

козметично огледало

ናይ ኢ ድ መስትያት

ръчна самобръсначка

መላጸ

пяна за бръснене

ዓፍራ ምልጻይ

одеколон за след
бръснене

ጨና ድሕሪ ምልጻይ

гребен

መመሸጥ

четка

ኣስባስላ

сешоар

መንቆጺ ጸግሪ

спрей за коса

ስፕረይ ጸግሪ

грим

መመላኸዪ

червило

ብርኂ ቀለም ከንፈር

лак за нокти

ኣዝማቶ

памук

ጻምሪ ጡጥ

ножица за нокти

መስደዲ ጽፍሪ

парфюм

ጨና

тоалетна чантичка

ሳንጣ መሐጸቢ

табуретка

ድኳ

везна

ሚዛን

хавлия

ከዳን መሐጸቢ

домакински ръкавици

ጓንቲ መጽረዪ

тампон

ታምፖን

дамски превръзки

ጨርቁ ሰበይቲ

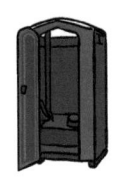

химическа тоалетна

ሽቓቕ ከሚስትሪ

детска стая

ክፍሊ ቆልዑ

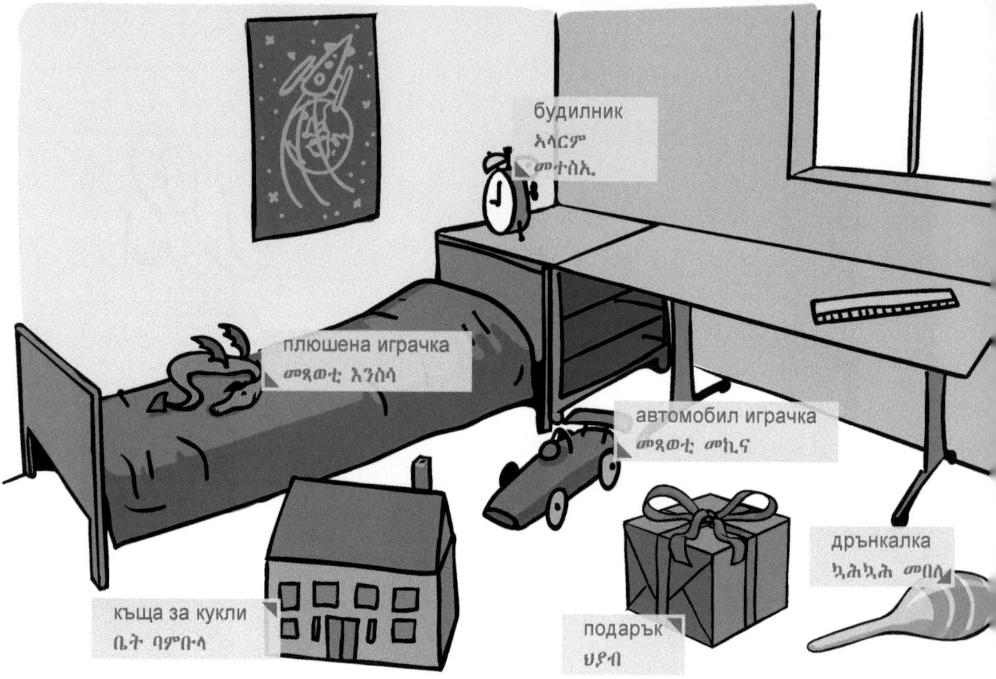
будилник
ኣላርም መተስኢ
плюшена играчка
መጻወቲ እንስሳ
автомобил играчка
መጻወቲ መኪና
дрънкалка
ኳሕኳሕ መበለ
къща за кукли
ቤት ባምቡላ
подарък
ህያብ

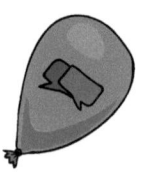

балон

ባላንችና

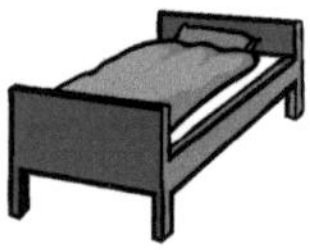

легло

ዓራት

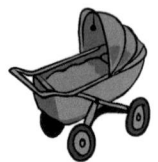

детска количка

ሰረገላ ህጻን

игра на карти

ጸወታ ካርታ

пъзел

ሕንቅሊተይ

SUPER
MEGA

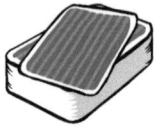

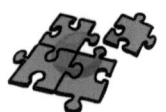

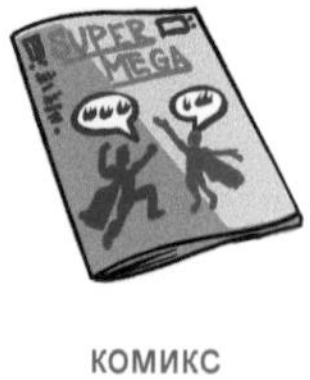

комикс

ኮሜዲ

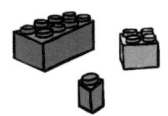

лего елементи

እምንታት መጻወቲ ለጎ

строителни елементи

መጻወቲ እምንታት

екшън фигурка

በዓል አክቸን

бебешки гащеризон

ክዳን ማማይ

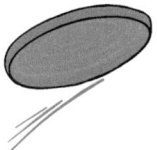

фрисби

ፍሪስቢ

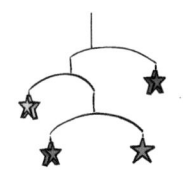

бебешки играчки за легло

ሞባይል ማማይ

настолна игра

ጸወታ ሰሌዳ

зарче

ኩቦ

миниатюрно влакче

ሞደል ባቡር ምድሪ

биберон

ዓባስ

парти

ፓርቲ

детска книга с илюстрации

መጽሓፍ ስእሊ

топка

ኩዕሶ

кукла

ባምቡላ

играя

ተጻወተ

пясъчник

መጻወቲ ሓጻ

люлка

ሰላል

играчка

መጻወቲታት

игрова конзола

ኮንሶል ቪድዮ

велосипед с три колелета

መጻወቲ ሰለስተ መንኮርኮር

плюшено мече

ተዲ

гардероб

ከብሒ ክዳን

облекло

ክዳን

късли чорапи

ካልስታት

дълги чорапи

ነዊሕ ካልስታት

чорапогащник

ስረ ካልሲ

шал
ሻርባ

чадър
ጽላ

Т-шърт
ማልያ

колан
ቀበሌ

ботуши
ረፍዕ

пантофи
ጫማ ገዛ

гуменки
ስኒከርስ

сандали
ሸበጥ

обувки
ጫማ

гумени ботуши
ረፍዕ ጎማ

слип
ሙታንታ

сутиен
ከዳን ጡብ

долна блуза
ትሕተ ካሚቻ

облекло - ክዳን

45

боди

ቦዲ

панталон

ሱሪ

дънки

ጂንስ

пола

ቀምሽ

блуза

ካምቻ

риза

ካሚቻ

пуловер

ጉልፎ

суичър

ጎልፎ

блейзър

ጃኬት

яке

ጃኬት

палто

ጆባ

дъждобран

ከዳን ዝናብ

костюм

ኮስቱም

рокля

ቀምሽ

булчинска рокля

ቀምሽ መርዓ

костюм

ልብሲ.

нощница

ካሚቻ ለይቲ

пижама

ክዳን ለይቲ

сари

ሳሪ

кърпа за глава

መሃረብ ርእሲ.

тюрбан

ቱርባን

бурка

ቡርካ

кафтан

ካፍታን

абая

ኣባያ

бански костюм

ክዳን መሕምበሲ.

плувни шорти

ስሪ መሕምበሲ.

къс панталон

ሓጺር ስሪ

анцуг

ክዳን ታዕሊም

престилка

በጃ ክዳን

ръкавици

ጓንቲ

копче

መልጎም

очила

መነጽር

гривна

በንናጅር

верижка

ማዕተብ

пръстен

ቀለበት

обеца

ኩትሻ

каскет

ቆብዕ

закачалка

መንበሪ ጁባ

шапка

ባርኔጣ

вратовръзка

ካራባት

цип

ዣርኔጣ

каска

ሀልመት

тиранти

መድልደል ስረ

ученическа униформа

ድቢዛ ቤትትምህርቲ

униформа

ድቢዛ

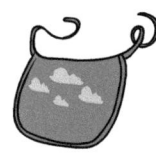

лигавник

ሰደርያ ቆልዓ

биберон

ዓባስ

пелена

ጨርቂ ማማይ

офис

ቤት ጽሕፈት

сървър
ሰርቨር
шкаф за документи
ክብሒ ሰነድ
принтер
ፕሪንተር
хартия
ወረቐት
монитор
ሞኒቶር
мишка
ኣንጭዋ
бюро
ጣውላ
ምጽሓፍ
папка
ሓቜፊ
клавиатура
ኪቦርድ
кошче за хартиени отпадъци
ጎሓፍ ወረቐት
компютър
ኮምፒተር
стол
መንበር

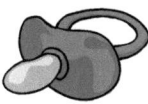

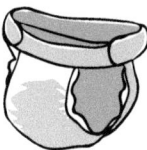

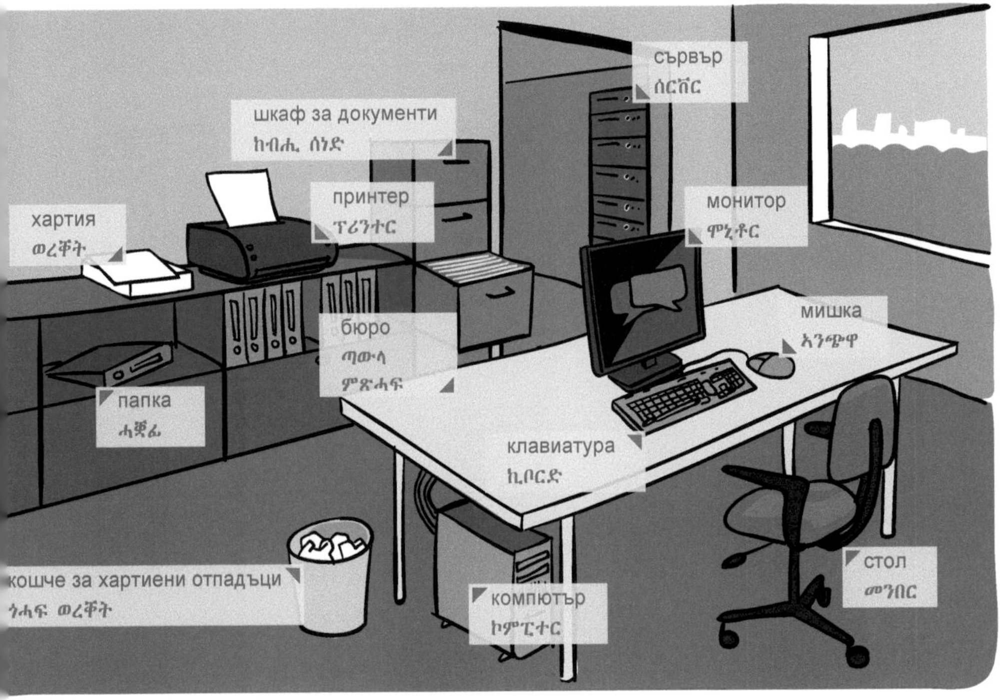

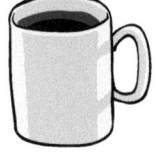

чаша за кафе

ብርጭቆ ቡን

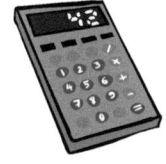

джобен калкулатор

ካልኩለተር

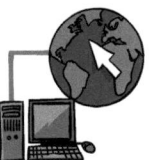

интернет

ኢንተርነት

лаптоп

ለፕቶፕ

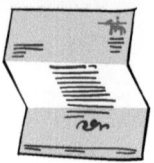

писмо

ደብዳበ

съобщение

መልእኽቲ

мобилен телефон

ሞባይል

мрежа

ነትወርክ/መርበብ

ксерокс

መቅድሒ ፎቶኮፒ

софтуер

ሶፍትዌር

телефон

ተለፎን

контакт

ሶከት ኢረንቲ

факс

ፋክስ

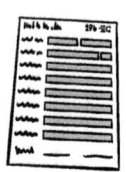

формуляр

ፎርም

документ

ሰነድ

купувам

ገዛእ

плащам

ከፈለ

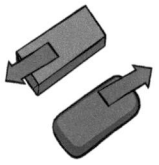

търгувам

ንግዲ

пари

ገንዘብ

долар

ዶላር

евро

ኦይሮ

йена

የን

рубла

ሩብል

швейцарски франк

ስዊዝ ፍራንክን

ренминби юан

ረንሚንቢ ዩዋን

рупия

ሩፕየ

банкомат

መውጽኢ ማሺን ገንዘብ

обменно бюро

ቦታ ቅያር ገንዘብ

злато

ወርቂ

сребро

ብሩር

нефт

ዘይቲ

енергия

ሓይሊ

цена

ዋጋ

договор

ውዕል

данък

ቀረጽ

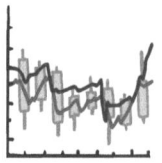

акция

እኩብ ጥሪ-ነገራት

работя

ሰርሐ

служител

ሰራሕተኛ

работодател

ኣስራሒ

фабрика

ትካል

магазин за цветя

ዱኳን

полицай
በዓል ፖሊስ

пожарникар
መጠፊኢ ሓዊ

пилот
መራሒ ነፋሪት

лекар
ሓኪም

готвач
ከሻኒ

градинар
ሰራሕተኛ ጀርዲን

мебелист
ጸራቢ ዕንጸይቲ

шивачка
ሰፋይት

съдия
ፈራዳይ

химик
ቀማሚ

артист
ተዋሳኢ

шофьор на автобус

መራሒ ኣዉቶቡስ

шофьор на такси

ኣዉቲስታ ታክሲ

рибар

ገፋፊ ዓሳ

чистачка

ጸራጊት

майстор на покриви

ሃናጸይ ናሕሲ

келнер

ኣሰላፊ

ловец

ሃዳናይ

художник

ሰኣላይ

хлебар

እንዳ ሕብስቲ

електротехник

ኤሌትሪከኛ

строителен работник

ሃናጺ ኣባይቲ

инженер

ሃንዳሲ

касапин

ሰራሕተኛ እንዳ ስጋ

тенекеджия

ድራብሊኦ

пощальон

ኣማላላሲ ፖስጣ

войник

ወተሃደር

архитект

መሃንድስ

касиер

ተሓዝ ገንዘብ

цветар

ሰራሕተኛ ዕምባባ

фризьор

ቀምቃማይ

кондуктор

ፈተሪኖ

механик

መካኒክ

капитан

መራሒ መርከብ

зъболекар

ሓኪም ስኒ

научен работник

ተመራማሪ

равин

ራቢ

имàм

ኢማም

монах

ፈላሲ

свещеник

ቀሺ

инструменти

ናውቲ

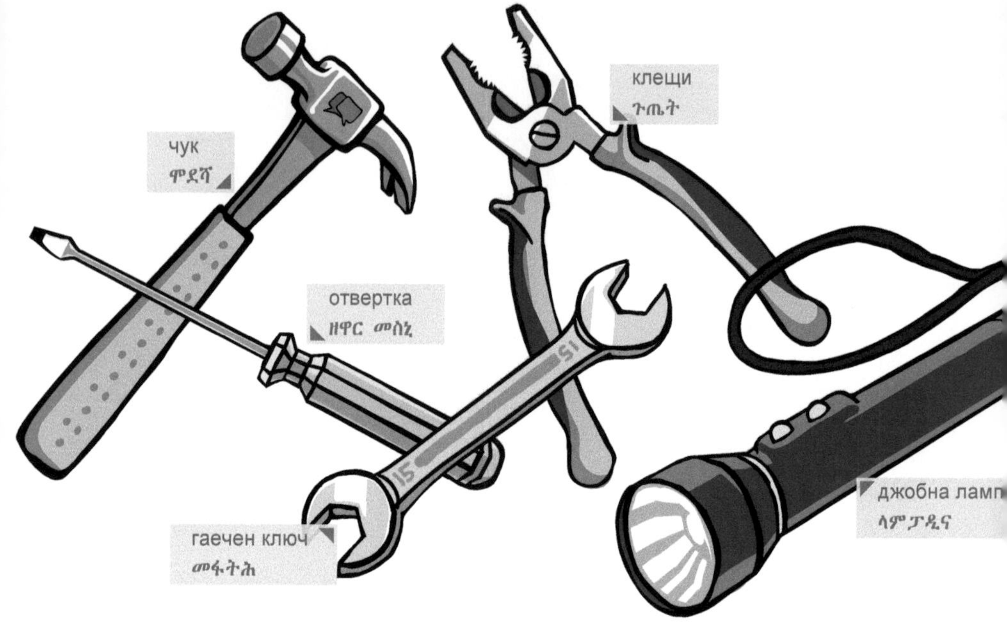
клещи
ጕጤት
чук
ሞደሻ
отвертка
ዘዋር መስኒ
джобна ламп
ላምፓዲና
гаечен ключ
መፍትሕ

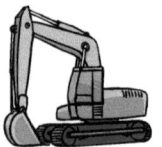

багер

ፈሓሪ

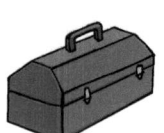

кутия за инструменти

ናውቲ ቦክስ

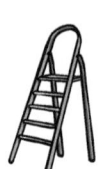

стълба

መደያይቦ

трион

መጋዝ

пирони

መስማር

бормашина

ኰዓቲ

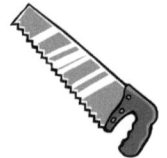

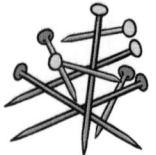

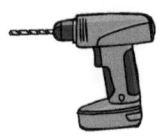

ремонтирам

ምዕራይ

лопата

ባደላ

По дяволите!

ኣይ!

лопатка за смет

መትሓዚ ዶርና

кутия за боя

ድስቲ ቀለም

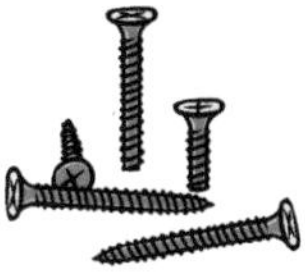

болтове

ካቻቢተ

музикални инструменти

መሳርሒ ሙዚቃ

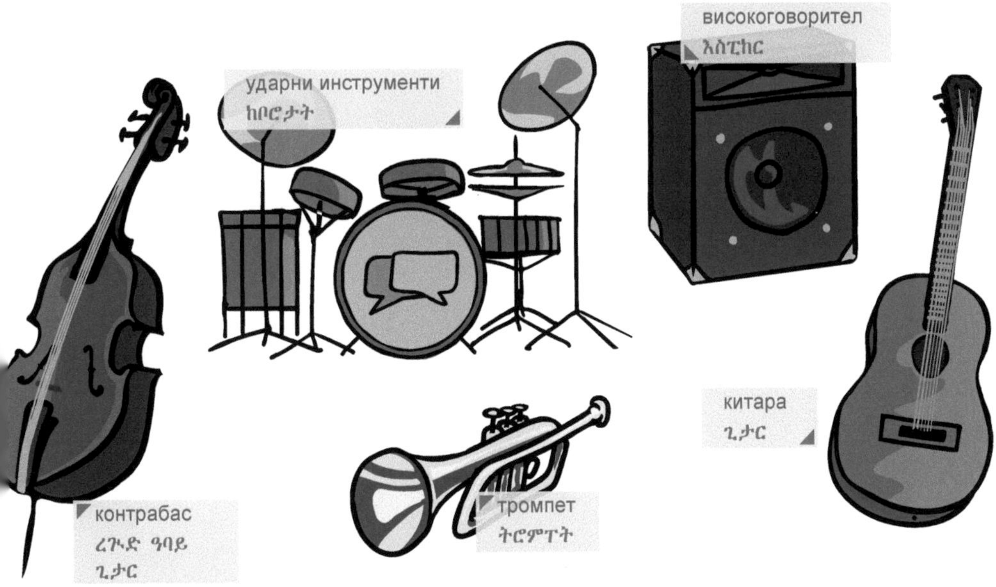

ударни инструменти
ከበሮታት

висикоговорител
እስፒከር

контрабас
ረጉድ ዓባይ
ጊታር

тромпет
ትሮምፔት

китара
ጊታር

пиано

ፒያኖ

виолина

ቫዮሊን

контрабас

ባስ ጊታር

тимпан

ቲምንኢ.

барабан

ከበሮ

електрическо пиано

ኦርጋን

саксофон

ሳክሶፎን

флейта

ሻምብቆ

микрофон

ሚክሮፎን

тигър
ነብር

бръмбар
ነቀዝ

зебра
አድጊ በረኻ

храна за животни
መግቢ እንስሳ

вход
መእተዊ

панда
ፓንዳ

животни

እንስሳታት

слон

ሓርማዝ

кенгуру

ካንጋሩ

носорог

ሓሪሽ

горила

ጐሪላ

мечка

ድቢ

камила

ገመል

щраус

ሰገን

лъв

አንበሳ

маймуна

ህበይ

фламинго

ፍላሚንጎ

папагал

ሕንጻይ

бяла мечка

ድቢ በረድ

пингвин

ፐንጉን

акула

ከልቢ ዓሳ

паун

ጣውስ

змия

ተመን

крокодил

ሓርገጽ

пазач в зоологическа
градина

ሓላዊ ቤት ገርድሽ

тюлен

ዓሳ ዚምገብ እንስሳ ባሕሪ

ягуар

ጃንር

пони

ሓጹር ፈረስ

леопард

ነብሪ

хипопотам

ጉማሬ

жираф

ጂራፍ

орел

ሊላ

диво прасе

መፍለስ

риба

ዓሳ

костенурка

ጎብየ

морж

ዋልሩስ

лисица

ወኸርያ

газела

ሰስሓ

американски футбол
ናይ ኣሜሪካ ኩዕሶ እግሪ

колоездене
ምዝዋር ብሽግለታ

тенис
ተኒስ

баскетбол
ባስከትባል

плуване
ምሕምባስ

бокс
ቦክሲንግ

хокей на лед
ሆኪ በረድ

футбол

ኩዕሶ እግሪ

бадминтон

ባድሚንቶን

лека атлетика

እስፖርታዊ ንጥፈታት

хандбал

ኩዕሶ ኢ.ድ

ски бягане

ስኪ

поло

ፖሎ

дейности

ንጥፈታት

смея се
ሰሓቐ
скачам
ነጠረ
прегръщам
ሓቖፈ
вървя
ከደ
пея
ደረፈ
сънувам
ሓለመ
моля се
ጸለየ
целувам
ሰዓመ

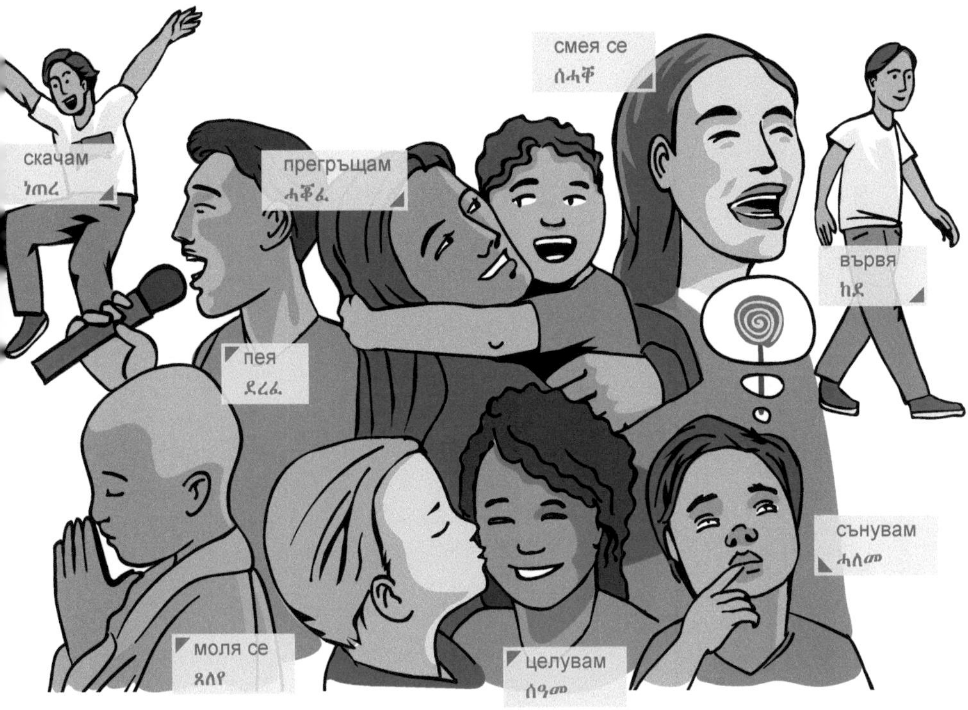

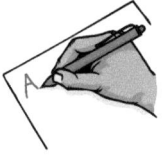

пиша

ጸሓፈ

рисувам

ሰኣለ

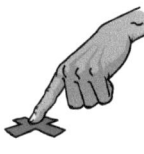

показвам

ኣርኣየ

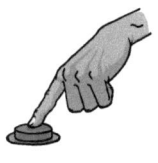

бутам

ደፍአ

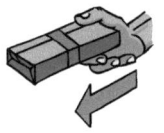

давам

ሃበ

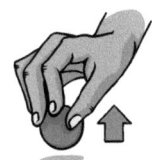

взимам

ወሰደ

имам

እቅፍ

правя

ገበረ

съм

ኮነ

стоя

ጠጠው በለ

тичам

ጎየየ

дърпам

ሰሓበ

хвърлям

ሰንደወ

падам

ወደቐ

лежа

ሓሰወ

чакам

ተጸበየ

нося

ሰከም

седя

ኮፍ በለ

обличам

ተኸድነ

спя

ደቀሰ

събуждам се

ተሰአ

разглеждам

ረአየ

плача

በኸየ

милвам

ብኢጻብዑ ደረዘ

реша се

መሸጠ

говоря

ተዛረበ

разбирам

ተረድአ

питам

ሓተተ

слушам

ሰምዐ

пия

ሰተየ

ям

በልዐ

разтребвам

ኣጽመጠ

обичам

ኣፍቀረ

готвя

ከሸነ

карам автомобил

ዘወረ

летя

ነፈረ

дейности - ንጥፈታት 65

плавам (с платна)

ብመርከብ ገየሽ

смятане

ደመረ

чета

አንበበ

уча

ተመሃረ

работя

ሰርሐ

женя се

መርዓወ

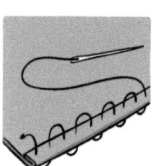

шия

ሰፈየ

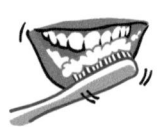

измивам си зъбите

ጽሬት አስናን

убивам

ቀተለ

пуша

ሽጋራ ተከኸ

изпращам

ሰደደ

баба
አባየ

дядо
አቦሓጎ

баща
አቦ

майка
አደ

бебе
ማማይ

дъщеря
ጓል

син
ወዲ

посетител

ጋሻ

леля

ሓትኖ

чичо

አኮ

брат

ሓው

сестра

ሓፍቲ

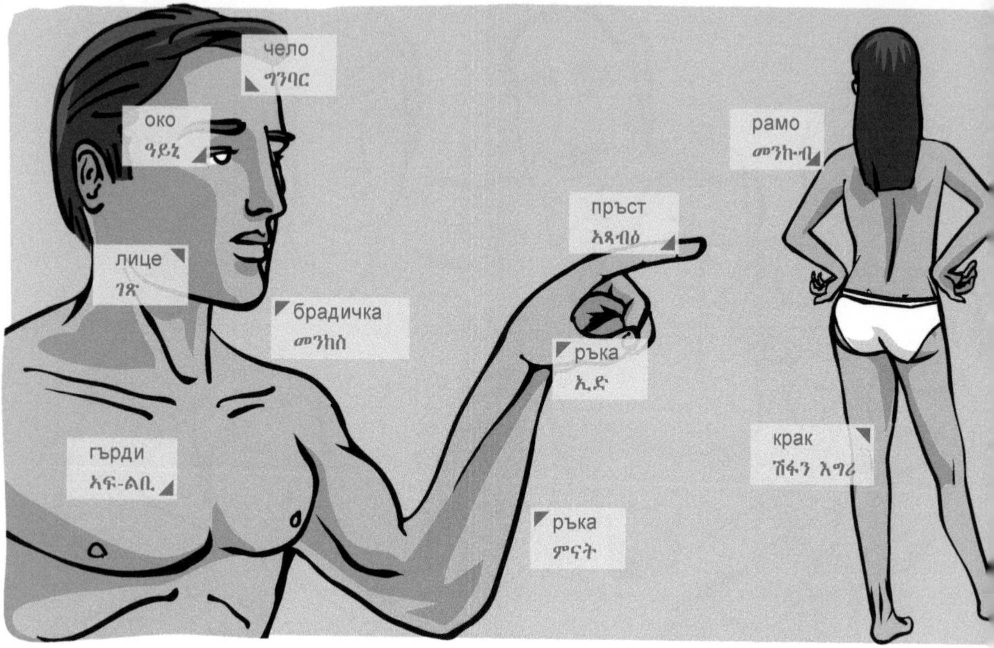

чело
ግንባር

око
ዓይኒ

рамо
መንኩብ

лице
ገጽ

пръст
ኣጻብዕ

брадичка
መንከስ

ръка
ኢድ

гърди
ኣፍ-ልቢ

крак
ሽፋን እግሪ

ръка
ምናት

бебе

бебе

ማማይ

мъж

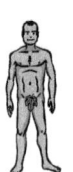

мъж

ሰብኣይ

жена

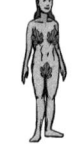

жена

ሰበይቲ

момиче

момиче

ጓል

момче

момче

ወዲ

глава

глава

ርእሲ

гръб

ሕቖ

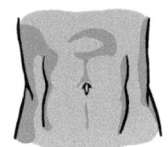

корем

ከስዐ

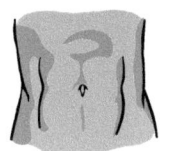

пъп

ሕምብርቲ

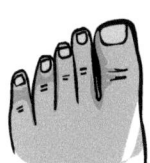

пръст на крака

ኣጻብዕ እግሪ

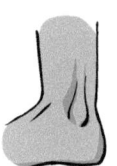

пета

ኩርኰሬ

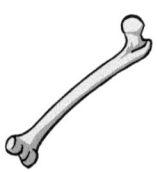

кост

ዓጽሚ

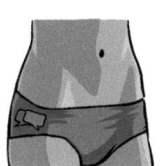

хълбок

ምሕኮልቲ

коляно

ብርኪ

лакът

ፍግፍጕ

нос

ኣፍንጫ

седалище

መዓኵር

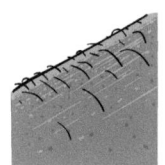

кожа

ቆርበት

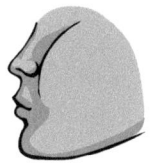

буза

ምዕጕርቲ

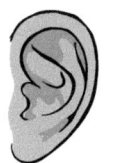

ухо

እዝኒ

устна

ከንፈር

уста

አፍ

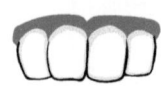

зъб

ስኒ

език

መልሓስ

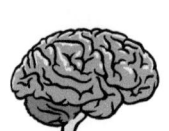

мозък

ሓንጎል

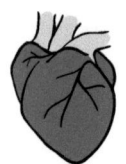

сърце

ልቢ

мускул

ጭዋዳ

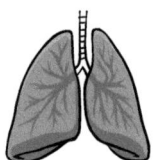

бял дроб

ሳንቡእ

черен дроб

ጸላም ከብዲ

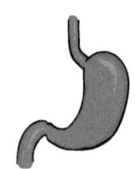

стомах

ከብዲ

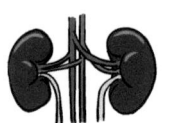

бъбреци

ኩሊት

полово сношение

ግብረ ስጋ

кондом

ኮንዶም

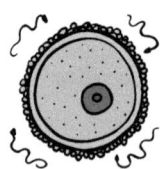

яйцеклетка

እንቋቝሓ

сперма

ዘርኢ ተባዕታይ

бременност

ጥንሲ

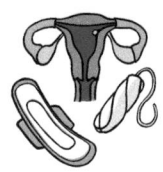

менструация

ጽግያት

вагина

ርሕሚ

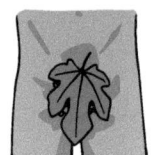

пенис

መትሎ

вежда

ሽፋሽፍቲ

коса

ጸግሪ

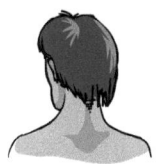

шия

ክሳድ

болница

ሆስፒታል

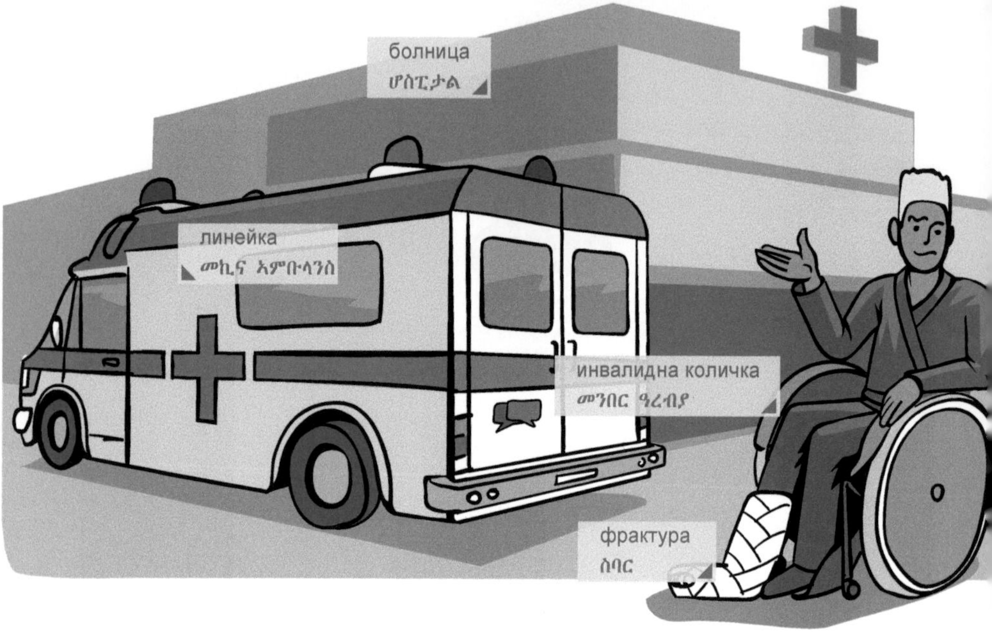

болница
ሆስፒታል
линейка
መኪና ኣምቡላንስ
инвалидна количка
መንበር ዓረብያ
фрактура
ስባር

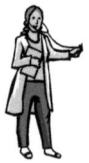

лекар

ሓኪም

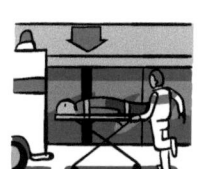

спешна хоспитализация

ክፍሊ ህጹጽ ረድኤት

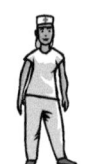

медицинска сестра

ኣላይት

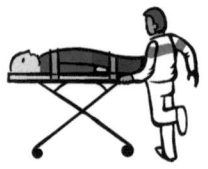

спешен случай

ህጹጽ ኩነት

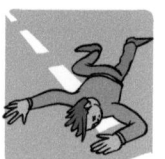

в безсъзнание

ውነኡ ዘጥፍአ

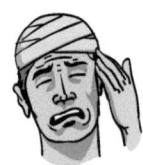

болка

ቃንዛ

нараняване

ጉድኣት

кървене

ደም

инфаркт

ማህረምቲ

инсулт

ማህረምቲ

алергия

ኣለርጂ

кашлица

ሰዓል

температура

ረስኒ

грип

ኡንፍልወንዛ

диария

ውጽኣት

главоболие

ቃንዛ ርእሲ.

рак

መንሽሮ

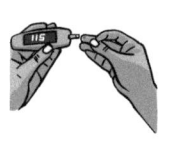

диабет

ሹኮርያ

хирург

ሓኪም መጥባሕቲ

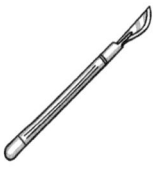

скалпел

መጥብሒ.

операция

መጥባሕቲ

болница - ሆስፒታል

компютърна томография

CT

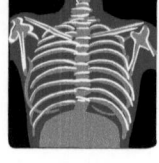

рентген

ራጂ

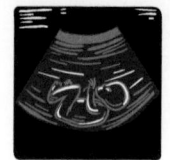

ултразвук

ልዕለ ድምጻዊ

маска

መሸፈኒ ገጽ

болест

ሕማም

чакалня

ክፍሊ ምጽባይ

патерица

ምርኩስ

пластир

መጅነኒ ቁስሊ

превръзка

መጅነኒ

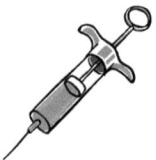

инжекция

መርፍዕ ምውጋእ

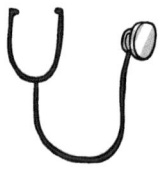

стетоскоп

ስተቶስኮፕ

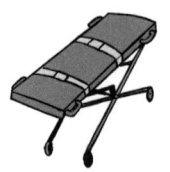

носилка

መሰከሚ ሕማም

термометър

ቴርሞመተር

раждане

ትውልዲ

наднормено тегло

ልዕለ-ሚዛን

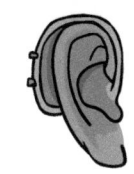

слухов апарат

ሓገዝ ምስማዕ

дезинфекционно средство

ኣንጺሂ

инфекция

ልበዳ

вирус

ቫይረስ

HIV / AIDS

ኤድስ

медицина

ሕክምና

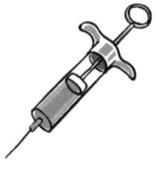

ваксинация

ክታብ

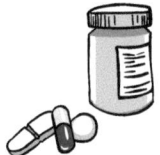

таблети

ከኒና

противозачатъчна
таблетка
ከኒና

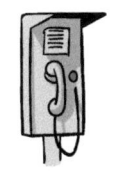

спешно телефонно
обаждане
ህጹጽ ምድዋል

апарат за измерване на
кръвното налягане

መዕቀኒ ጸቕጢ ደም

болен / здрав

ሕሙም / ጥዑይ

Помощ!

ሓገዝ

сигнал за тревога

ኣላርም

нападение

ምህጃም

атака

መጥቃዕቲ

опасност

ድንገት

авариен изход

ህጹጽ መውጽኢ.

Пожар!

ሓዊ!

пожарогасител

መጥፍኢ ሓዊ

злополука

ሓደጋ

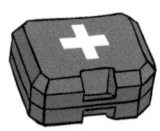

комплект за оказване на
първа помощ

ሳንጣ ቀዳማይ ረድኤት

SOS

SOS

полиция

ፖሊስ

Европа

ኤውሮጳ

Северна Америка

ሰሜን አሜሪካ

Южна Америка

ደቡብ አሜሪካ

Африка

አፍሪቃ

Азия

ኤስያ

Австралия

አውስትራልያ

Атлантически океан

አትላንቲክ

Тихи океан

ፓሲፊክ

Индийски океан

ህንዳዊ ዉቅያኖስ

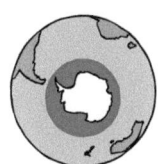

Южен ледовит океан

አንታርቲካዊ ዉቅያኖስ

Северен ледовит океан

አርክቲካዊ ዉቅያኖስ

Северен полюс

ሰሜናዊ ዋልታ

Южен полюс

ደቡባዊ ዋልታ

Антарктида

አንታርቲካ

Земя

ምድሪ

суша

መሬት

море

ባሕሪ

остров

ደሴት

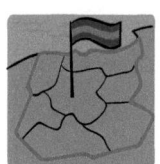

нация

ሃገር

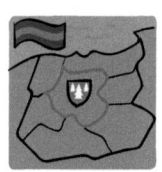

държава

ዓዲ

циферблат

ገጽ ሰዓት

стрелка на часовете

አመልካቲ ሰዓታት

стрелка на минутите

አመልካቲ ደቓይቕ

стрелка на секундите

አመልካቲ ካልኢት

Колко е часът?

ሰዓት ክንደይ አሎ?

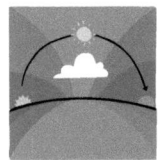

ден

መዓልቲ

време

ግዜ

сега

ሕጂ

дигитален часовник

ዲጊታል ሰዓት

минута

ደቒቕ

час

ሰዓት

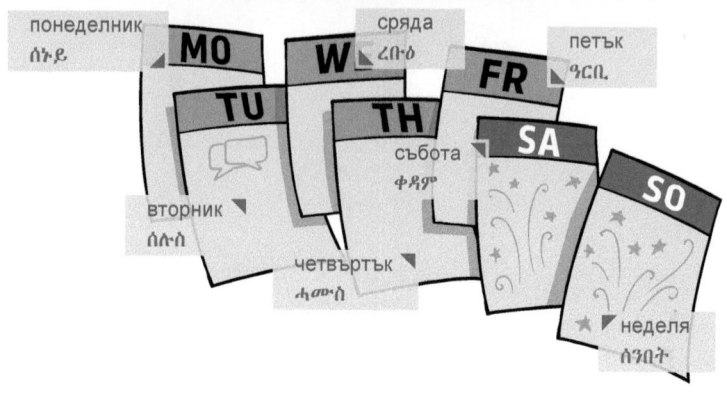

понеделник
ሰኑይ

сряда
ረቡዕ

петък
ዓርቢ

вторник
ሰሉስ

четвъртък
ሓሙስ

събота
ቀዳም

неделя
ሰንበት

вчера

ትማሊ

днес

ሎሚ

утре

ጽባሕ

сутрин

ንጉሆ

обед

ቀትሪ

вечер

ምሸት

работни дни

መዓልታት ስራሕ

уикенд

መወዳእታ ሰሙን

дъжд
ዝናብ

дъга
▶ ቀስተ-ደመና

вятър
ንፋስ

СНЯГ
በረድ

▶ пролет
ጸደያ

ЛЯТО
ሐጋይ

есен
ቀውዒ

зима
ክረምቲ

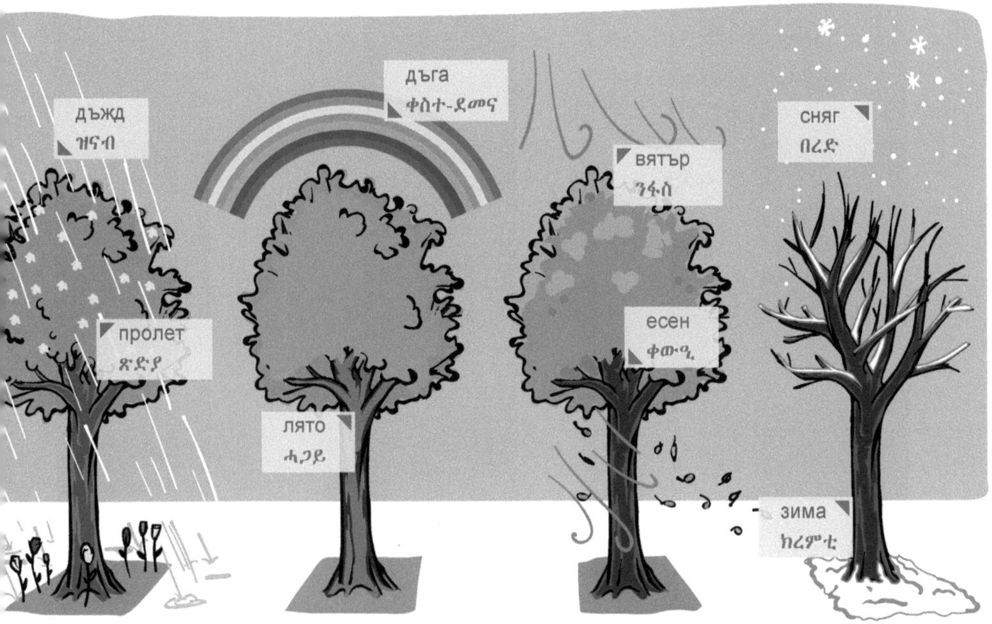

прогноза за времето
ትንቢት ኩነታት ኣየር

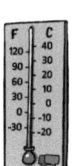

термометър
ቴርሞመተር

слънчева светлина
ብርሃን ጸሓይ

облак
ደበና

мъгла
ግመ

влажност на въздуха
ጠሊ

светкавица

ብርቂ

гръмотевица

ነጕዳ

буря

ህቦብላ

градушка

በረድ

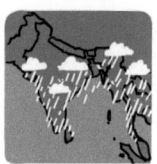

мусон

ብርቱዕ ህቦብላ

наводнение

ውሕጅ

лед

በረድ

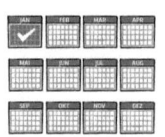

януари

ጥሪ

февруари

ለካቲት

март

መጋቢት

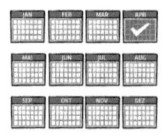

април

ሚያዝያ

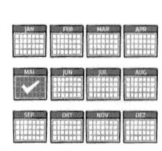

май

ጉንበት

юни

ሰነ

юли

ሓምለ

август

ነሓሰ

година - ዓመት

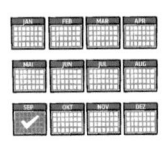

септември
....
መስከረም

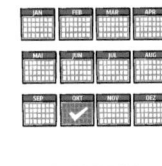

октомври
....
ጥቅምቲ

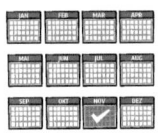

ноември
....
ሕዳር

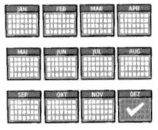

декември
....
ታሕሳስ

форми

ቅርጻታት

кръг
....
ዙርያ

квадрат
....
ትርብዒት

четириъгълник
....
ቅኑዕ ርቡዕ ኲርናዕ

триъгълник
....
ስሉስ ኲርናዕ

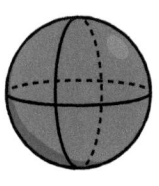

сфера
....
ክቢ

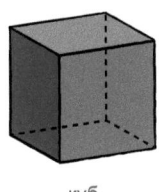

куб
....
ኩቦ

бял

ጸዕዳ

жълт

ብጫ

оранжев

ኣራንሺ

розов

ፒንክ

червен

ቀይሕ

лилав

ጃኸ

син

ሰማያዊ

зелен

ቀጠልያ

кафяв

ቡናዊ

сив

ሓሙኽሽታይ

черен

ጸሊም

много / малко

ብዙሕ / ውሑድ

ядосан / спокоен

ሕሩቕ / ሰላማዊ

красив / грозен

ጽቡቕ / ክፉእ

начало / край

መጀመርያ / መወዳእታ

голям / малък

ዓቢ / ንእሽቶ

светъл / тъмен

ብሩህ / ጸልማት

брат / сестра

ሓው / ሓፍት

чист / мръсен

ጽሩይ / ርሳሕ

пълен / непълен

ምሉእ / ዘይምሉእ

ден / нощ

መዓልቲ / ለይቲ

мъртъв / жив

ሙዉት / ህልው

широк / тесен

ሰፊሕ / ጸቢብ

ядлив / неядлив

ደስ ዘበል / ደስ ዘይብል

сърдит / любезен

እኩይ / ህያዋይ

развълнуван / скучаещ

ርቡጽ / ስልኩይ

дебел / тънък

ረጊድ / ቀጢን

най-напред / най-накрая

ቀዳማይ / ናይ መወዳእታ

приятел / враг

ዓርኪ / ጸላኢ

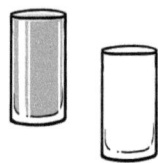

пълен / празен

ምሉእ / ባዶ

твърд / мек

ተሪር / ልስሉስ

тежък / лек

ከቢድ / ፈኲስ

глад / жажда

ጥምየት / ጽምየት

болен / здрав

ሕሙም / ጥዑይ

нелегален / легален

ዘይሕጋዊ / ሕጋዊ

интелигентен / глупав

መስተውዓሊ / ሰዲ

ляво / дясно

ጸጋም / የማን

близо / далече

ቀረባ / ርሑቕ

нов / употребяван

ሓዲሽ / ብሉይ

нищо / нещо

ዋላ ሓደ / ገለ

стар / млад

ዓቢ/ኣረጊት / መንእሰይ

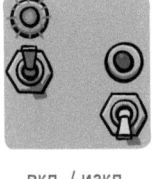

вкл. / изкл.

ወልዕ / ኣጥፍእ

отворен / затворен

ክፉት / ዕጹው

тих / силен (звук)

ህዱእ / ዓው

богат / беден

ሃብታም / ድኻ

правилен / погрешен

ቅኑዕ / ግጉይ

грапав / гладък

ሓርፋፍ / ልሙጽ

тъжен / щастлив

ጉሁይ / ሕጉስ

дълъг / къс

ሓጺር / ነዊሕ

бавен / бърз

ቀስ / ቅልጡፍ

мокър / сух

ጥሉል / ንቑጽ

топъл / студен

ምዉቕ / ዝሑል

война / мир

ውግእ / ሰላም

0

нула

ዜሮ

1

едно

ሓደ

2

две

ክልተ

3

три

ሰለስተ

4

четири

ኣርባዕተ

5

пет

ሓሙሽተ

6

шест

ሽዱሽተ

7

седем

ሸውዓተ

8

осем

ሸሞንተ

9

девет

ትሽዓተ

10

десет

ዓሰርተ

11

единадесет

ዓሰርተ ሓደ

12
дванадесет

ዓሰርተ ክልተ

13
тринадесет

ዓሰርተ ሰለስተ

14
четиринадесет

ዓሰርተ አርባዕተ

15
петнадесет

ዓሰርተ ሓሙሽተ

16
шестнадесет

ዓሰርተ ሽዱሽተ

17
седемнадесет

ዓሰርተ ሸውዓተ

18
осемнадесет

ዓሰርተ ሸሞንተ

19
деветнадесет

ዓሰርተ ትሽዓተ

20
двадесет

ዕስራ

100
сто

ሚእቲ

1.000
хиляда

ሽሕ

1.000.000
милион

ሚልዮን

английски
....
እንግሊዝኛ

американски английски
....
አመሪካዊ እንግሊዛዊ

китайски мандарин
....
ቻይናዊ ማንዳሪን

хинди
....
ሂንዳዊ

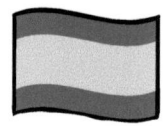

испански
....
እስጳኛዊ

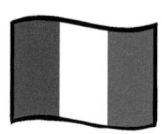

френски
....
ፈረንሳዊ

арабски
....
ዓረባዊ

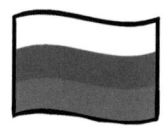

руски
....
ሩሲያዊ

португалски
....
ፖርቱጋላዊ

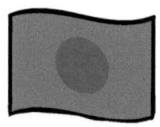

бенгалски
....
በንጋሊ

немски
....
ጀርመናዊ

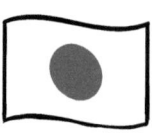

японски
....
ጃፓናዊ

аз

አነ

ти

ንስኻ/ኺ

той / тя / то

ንሱ / ንሳ / ንሱ

ние

ንሕና

вие

ንስኻ

те

ንሳቶም

кой?

መን?

какво?

እንታይ?

как?

ከመይ?

къде?

አበይ?

кога?

መዓስ?

име

ሽም

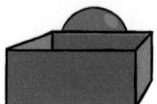

зад
....
ድሕሪ

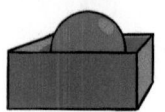

в
....
አብ

пред
....
አብ ቅድሚ

над
....
አብ ላዕሊ

върху
....
አብ ልዕሊ

под
....
ትሕቲ ምድሪ

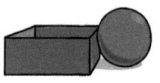

до
....
አብ ጥቓ

между
....
አብ መንጎ

място
....
ቦታ